SOZIALES LERNEN

Arbeitsheft 1

Wir lernen uns kennen

von Annette Pölert-Klassen
unter Beratung von Prof. Dr. Klaus Hurrelmann

Cornelsen

INHALT

A Wir lernen uns besser kennen

Ich bin ich - und wer bist du?

B Wir gehören zusammen

Gemeinsam können wir viel machen

C Klassenregeln

Ich habe das Recht, wir haben das Recht ...

PEPPY HELPER

Hallo, liebe Mitschülerinnen und Mitschüler,

ich soll euch etwas über einen Unterricht erzählen, den wir jetzt seit ungefähr eineinhalb Jahren haben.

Als ich von der Grundschule auf eine weiterführende Schule wechselte, war das nicht einfach für mich. Aus meiner alten Klasse kam niemand mit in die neue, in die ich versetzt wurde. Das war aber kein Zufall, sondern ich wollte es so. In der alten Grundschulklasse hatte es viel Streit gegeben, sodass es in einer neuen Lerngruppe nur besser werden konnte. Doch ich war nicht der einzige „Neue" in der 5a und so kam es, dass sich einige schon kannten, andere nicht.

Wir mussten also erst eine Klasse werden. „Zusammenwachsen", sagte unsere Klassenlehrerin dazu und sie meinte auch noch: „Eine gute Klassengemeinschaft ist sehr wichtig, wenn ihr gut lernen wollt".

Doch genau dabei ergaben sich große Schwierigkeiten. Diejenigen, die sich aus der vierten Klasse kannten, kapselten sich von den anderen ab. Wir „Neuen" wurden so weit wie möglich ignoriert. Auch die Spiele, die von den Lehrern angeboten wurden, damit wir uns kennenlernen, hatten wenig Erfolg.

So ging es bis zum Anfang des sechsten Schuljahres. Dann bekamen wir alle ein neues Buch. „Teenagerbuch" stand auf dem Titelblatt. Unsere Klassenlehrerin sagte, es ginge in diesem Schulbuch in erster Linie um uns selbst.

Wir verstanden kein Wort, aber wir ließen uns darauf ein. Doch schon nach den ersten paar Wochen merkten viele von uns, was sie gemeint hatte. Je mehr wir mit diesem Buch arbeiteten, desto besser lernten wir uns kennen und desto besser wurde unsere Klassengemeinschaft.

Jetzt arbeiten wir schon lange mit diesem Buch und wenn im Unterricht mal keine Zeit dafür war, sind wir ganz schön sauer gewesen.

Natürlich gibt es ab und zu auch in unserer Klasse Stress, aber wir können über alles reden und wir machen uns nicht gegenseitig fertig. Wir kennen uns und wir wissen, dass wir alle auch gute Seiten haben, dass jede und jeder von uns sich mit Ängsten auseinander setzen muss und sich manchmal schwach fühlt.

Wenn ihr diesen Unterricht in eurer Klasse auch machen könnt, dann freut euch darauf.
Es ist super!

Michael

A Wir lernen uns besser kennen

Ich bin ich und wer bist du?

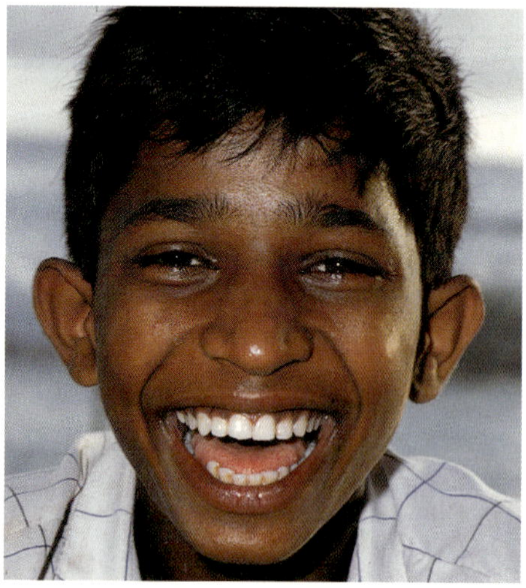

Einzigartig

Jeder Mensch ist einzigartig,
einzigartig wie sein Gesicht.
Was heißt das für dich?
Auch du bist einzigartig,
so einzigartig wie dein Gesicht.
Verschenke
diese Einzigartigkeit nicht.
Bestehe auf
dieser deiner Einzigartigkeit.
Gehe deinen eigenen Weg.
Denke deine Gedanken.
Fühle deine Gefühle.
Weine deine Tränen.
Lache dein Lächeln.
Lebe dein eigenes Leben.

W. Sprenger

Nach: W. Sprenger, Vergiß Dein nicht, Die Auswahlreihe
Nie nie sagen - Verlag, Konstanz 1983, S. 7 (gekürzt)

Wer bin ich?

Für die erste Aufgabe brauchst du:
- ein DIN A4 Blatt
- Farbstifte oder Wasserfarben
- ein kleines Foto von dir

Schließe die Augen und träume dich in eine schöne Gegend hinein. Anschließend kannst du malen, was du mit geschlossenen Augen gesehen hast.
Wenn du fertig bist, überlege, an welcher Stelle auf dem Bild du dich am wohlsten fühlen würdest. Klebe dann das Foto von dir an diese Stelle.

Für die zweite Aufgabe brauchst du:
- zwei DIN A4 Blätter
- Farbstifte

Nun zeichnest du in die obere Hälfte ein großes ICH, wie du es auf den Bildern von Lisette und Matthias siehst. In die untere Hälfte zeichnest du einen Rahmen, in den du deinen Namen schreibst. Nicole, die diese Aufgabe schon gemacht hat, erzählt dir, wie es weitergeht:

Ich denke darüber nach, ob es Gefühle gibt, die in mir hochkommen oder hochkommen wollen. Ich suche nach Farbstiften, die zu diesen Gefühlen passen.
Das Innere der ICH-Buchstaben male ich damit aus. Dann nehme ich ein Blatt und schreibe alle Eigenschaften darauf, die mich charakterisieren. Anschließend lese ich alle Begriffe noch einmal durch, denke darüber nach und entscheide mich dann für drei Eigenschaften, die am besten zu mir passen.
Diese schreibe ich dann auffallend und gut leserlich auf meine ICH-Seite.

Mein Bild ist hauptsächlich blau, weil das meine Lieblingsfarbe ist. Das große **ICH** wird von Kletterpflanzen umschlossen.
Ich will damit zeigen, dass ich manchmal verschlossen, aber auch geheimnisvoll bin, weil sich hinter den Ranken noch vieles verbirgt.
Nachdenklich, hilfsbereit und lesesüchtig, sind die drei Wörter, mich beschreiben.
Das Rot im Hintergrund der Wörter, das nach und nach in Blau übergeht, soll zeigen, dass diese Eigenschaften mir beim Auflösen meiner Probleme helfen können.
Der Hintergrund meines Namens ist leicht zu vestehen. "Lisette" habe ich in die Natur gestellt, da ich sehr naturverbunden bin.

Lisette, 11 Jahre

Im Vordergrund meines Bildes sollte das große **ICH** stehen.
Ich habe die kräftige, leuchtend grüne Farbe für mein **ICH** gewählt, damit es deutlich herauskommt. Es soll zeigen, dass ich zu mir stehe, dass ich sagen kann: "Ich bin, wie ich bin und das ist okay so!"
Die Regenbogenfarben bedeuten, dass ich ein farbenfroher und freundlicher Mensch bin.
Die drei Ausdrücke, die ich in mein Bild geschrieben habe, nennen die Eigenschaften, die am besten zu mir passen.

Matthias, 11 Jahre

Für die dritte Aufgabe brauchst du: • ein DIN A4 Blatt • Farbstifte

Zeichne auf das Blatt die Buchstaben I C H so groß wie möglich, wie du es unten auf dem Bild von Carina siehst. Von ihr erfährst du, was du nun mit dem ICH machen kannst:

Ich denke darüber nach, was für mich in der Gegenwart und für die Zukunft eine besondere Bedeutung hat. Was ist mir zurzeit sehr wichtig und was wünsche ich mir und der Welt, in der ich lebe, für die Zukunft? Ich denke genau darüber nach und male dann meine Wünsche, Vorstellungen, Ziele usw. in das große ICH.

Im Buchstaben „I" habe ich gezeichnet, was mir in der Gegenwart wichtig ist:

Meine Liebe zur Musik, zu Büchern, fremden Ländern und zur Natur. Das Herz soll zeigen, dass mir meine Freunde sehr wichtig sind.
Im Buchstaben „C" wird deutlich, was mir für die Menschheit wichtig ist. Die verschiedenfarbigen Smilies bedeuten, dass alle Menschen aller Rassen friedlich zusammenleben sollen und können.
Außerdem wünsche ich mir, dass alle Menschen genug zu essen haben, dass sie sich gegenseitig helfen und dass es keine Naturkatastrophen mehr gibt (siehe Sonne und Regenbogen).
Im „H" habe ich zusammengefasst, was ich mir für mich selbst und für alle anderen Menschen wünsche. Sie sollen sich in allen Sprachen verständigen können. Außerdem ist es mir wichtig, dass wir in Zukunft alle mehr auf die Umwelt achten. Ich liebe die Natur. Schöne Landschaften sind wichtig um gesund und fröhlich leben zu können.
Für mich selbst wünsche ich mir gute Leistungen in der Schule. Das Wichtigste aber ist, dass wir uns alle gut verstehen und dass wir gemeinsam Erfolg haben.

Carina, 11 Jahre

A Energizer

ZIPP - ZAPP

Jeder im Sitzkreis hat einen Stuhl. Du bist der Spielleiter und stehst in der Mitte. Natürlich möchtest du auch gern einen Sitzplatz haben. Du rufst: **"Zipp!"** und alle Schülerinnen und Schüler rücken einen Platz nach links. Rufst du: **"Zapp!"**, rückt die gesamte Gruppe nach rechts. Dann sagst du nach mehreren Durchgängen plötzlich: **"Zipp-Zapp!"** Nun müssen alle deine Mitschüler und Lehrer ihren Platz verlassen und sich einen neuen suchen. Der Stuhl rechts oder links von euch darf nicht benutzt werden. Das ist deine Chance. Du setzt dich schnell auf einen der frei gewordenen Stühle. Derjenige, der keinen Sitzplatz hat, ist der neue Spielleiter und stellt sich in die Mitte.

Ich sitze im Grünen und wünsche mir .... herbei!

Du sitzt mit allen zusammen im Sitzkreis. Rechts neben dir befindet sich ein freier Stuhl. Du sagst: **"Ich sitze ..."** und setzt dich auf den leeren Stuhl. Dein Platz wird frei. Nun sagt dein linker Nachbar: **"... im Grünen"** und besetzt deinen ehemaligen Platz. Dann folgt die Schülerin, die links neben dem nun frei gewordenen Stuhl sitzt, setzt sich darauf und sagt: **"... und wünsche mir den Christian herbei."** Christian kommt und setzt sich auf den freien Stuhl.
Ihr müsst aufpassen, dass ihr immer einen Schüler aufruft, der noch nicht an der Reihe war. Wenn ihr jemand aufruft, der oder die schon vorher gerufen wurde, müsst ihr ihm oder ihr einen Kuss geben.

Meine Entwicklung

Klebe hier vier Fotos ein, die dich in verschiedenen Altersstufen zeigen, z. B. als Baby, als Krabbelkind, im Kindergarten und heute. Was hat sich verändert, was ist gleich geblieben? Kannst du dich überall wiedererkennen? Können deine Mitschüler dich auf den älteren Fotos erkennen?

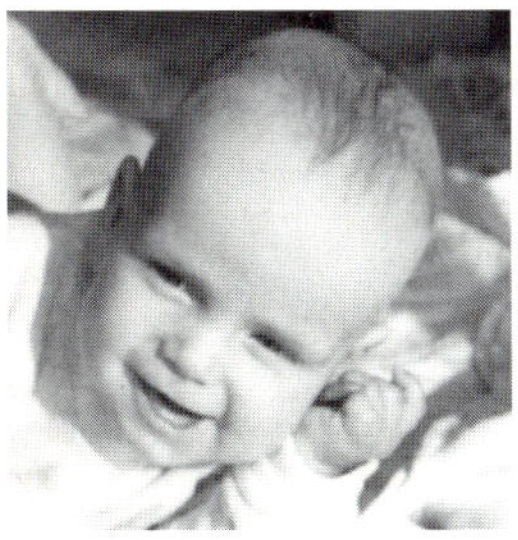

Ich, als ich ....

Ich, als ich ....

Ich, als ich ....

Ich, als ich ....

Ein Bild von mir

Zeichne ein Porträt von dir. Denke dabei an die besonderen Merkmale, die dein Gesicht von anderen unterscheidet. Vielleicht hast du besonders schöne Augen, besonders lange Wimpern oder die Sommersprossen auf deiner Nase bewirken, dass alle dich für besonders lustig halten.
Vielleicht formst du auch eine Maske aus Ton oder Gips und malst diese anschließend an? Frage doch deine Kunst- oder Textilkundelehrer, sie können dir sicher gute Tipps geben oder dir dabei helfen. Wenn du ein geeignetes Foto hast, könntest du dieses als Vorlage benutzen. Es ist alles gar nicht so schwer, wie es klingt. Versuch es einfach!
Hinterher könnt ihr euch gemeinsam eure Kunstwerke ansehen.

Viel Spaß beim Gipsen, Töpfern, Malen und beim Betrachten!

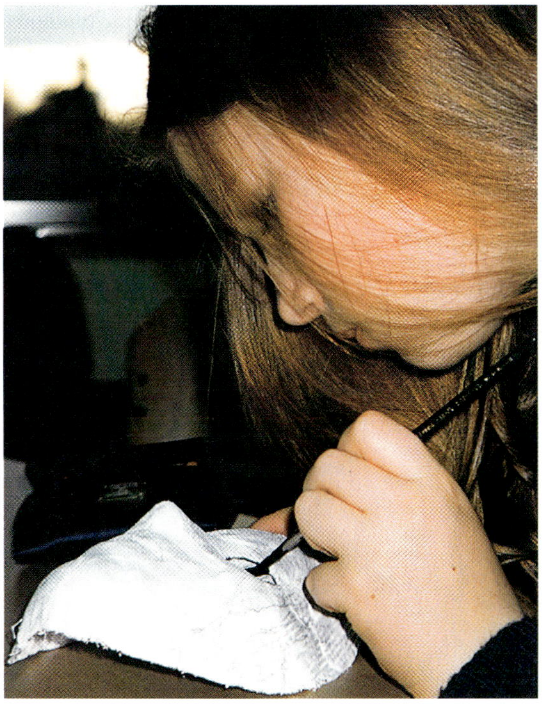

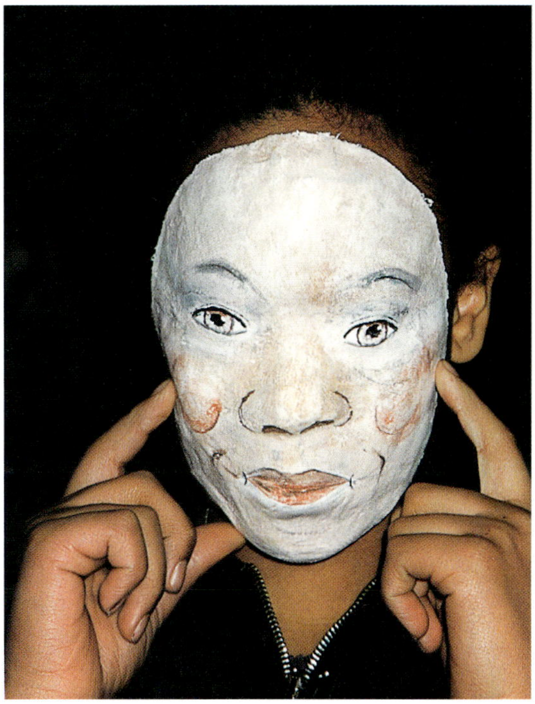

Das bin ich

Stell dir vor, dass du diese Seite jemand schicken willst, von dem du dir wünschst, dass er oder sie dich von deiner besten Seite kennen lernt. Was gehört alles dazu? Die Beschreibung deiner Lieblingsgruppe, deines Lieblingsstars, eines der Topspieler der NBA oder eines Mitglieds der Star-Trek-Mannschaft? Auf jeden Fall ist es sehr wichtig, dass der oder die andere sich genau vorstellen kann, wer und wie du bist.
Na, an wen schickst du diese Seite? Großes Geheimnis?

Beschreibe dich nun so genau wie möglich. Du kannst schreiben und malen. Wenn dir der Platz auf dieser Seite nicht reicht, kannst du dir ein zusätzliches Blatt nehmen. Denke dabei auch an die äußere Gestaltung: Rand, Linien, Zeichnungen usw. Dein Lehrer oder deine Lehrerin hat bestimmt gute Vorschläge.

ENERGIZER

Spaziergang

Alle gehen ruhig zum Klang von Musik im Raum. Wird diese unterbrochen, bleibst du stehen und unterhältst dich mit dem Mitschüler, der dir am nächsten steht, etwa eine Minute über ein vorher vereinbartes Thema. Bei einem bestimmten Signal wechseln Zuhörer und Erzähler. Du hörst jetzt, was deine Mitschülerin/dein Mitschüler dir erzählt. Wenn die Musik wieder einsetzt, gehst du weiter und findest beim nächsten Signal eine andere Partnerin/einen anderen Partner. Wechselt nach einigen Durchgängen die Frage (s. Beispiele). Euer Gruppenleiter (euer Lehrer oder einer von euch) kündigt es an, bevor die Musik neu einsetzt.

Beispiele:

Was tust du besonders gern?
Was kannst du besonders gut?
Was wünschst du dir von deiner Klasse?
Was für Lehrerinnen und Lehrer möchtest du haben?

Etwas Besonderes

Ihr nehmt euch alle einen Zettel und schreibt darauf, was es an euch Besonderes gibt. Eure Aussage kann sich auf besondere Fähigkeiten, außergewöhnliche Eigenschaften, Schwärmereien, Abneigungen usw. beziehen.
Schreibt euren Namen auf den Zettel und bestimmt zwei Gruppensprecher, die alle Notizen einsammeln.
Wenn ihr wieder im Sitzkreis versammelt seid, lesen die Sprecher abwechselnd die Zettel vor und ihr ratet, von wem er geschrieben sein könnte.
Schließlich gibt derjenige, der es wirklich war, sich zu erkennen.

Beispiele:

Ich kann mit den Ohren wackeln.
Ich schwärme für die "Toten Hosen".
Ich backe die besten Weihnachtsplätzchen der Stadt.
Ich bin im Ausland aufgewachsen.

Geburtstagscliquen

Eure Lehrerin oder euer Lehrer ruft die einzelnen Monate des Jahres auf und ihr ordnet euch, je nach Geburtstag, zu einer Gruppe.
Zum Beispiel: "Alle, die im Januar Geburtstag haben, pfeifen ein Lied und treffen sich vorne an der Tür."
Sind eure Geburtstagsgruppen vollständig, überlegt ihr gemeinsam, was ihr als Gruppe den anderen vorführen könnt. Ihr könnt ein Lied singen, ein Gedicht vortragen, einen Sketch vorführen usw.
Nach zehn Minuten trefft ihr euch im Sitzkreis und die Vorführungen können beginnen.

Meine Sinne

Du hast Geburtstag und deine besten Freundinnen und Freunde sind gekommen. Jetzt steht ihr alle vor dem großen Esstisch, auf dem sich lauter leckere Sachen befinden.
"Das ***sieht*** aber toll aus!", ruft Sandra.
"Hm, das ***riecht*** gut", fährt Patricia fort.
"Ich hoffe, es ***schmeckt*** euch allen gut!", meinst du und bittest alle zu Tisch.
Du ***fühlst*** dich gut, weil du ***hörst***, wie sich alle mit dir auf das leckere Essen freuen.

Man kann eine einzige, bestimmte Situation also über mehrere Sinne wahrnehmen. In diesem Fall war es das Essen auf deinem Geburtstagstisch.

- Wie viele ***Sinne*** gibt es?
- Welcher ist für euch besonders wichtig?
- Brauchen wir alle fünf Sinne oder können wir auf einzelne verzichten?
- Welcher dieser Sinne funktioniert bei dir besonders gut?
- Welcher Sinn ist bei deinem Lieblingstier besonders gut entwickelt?

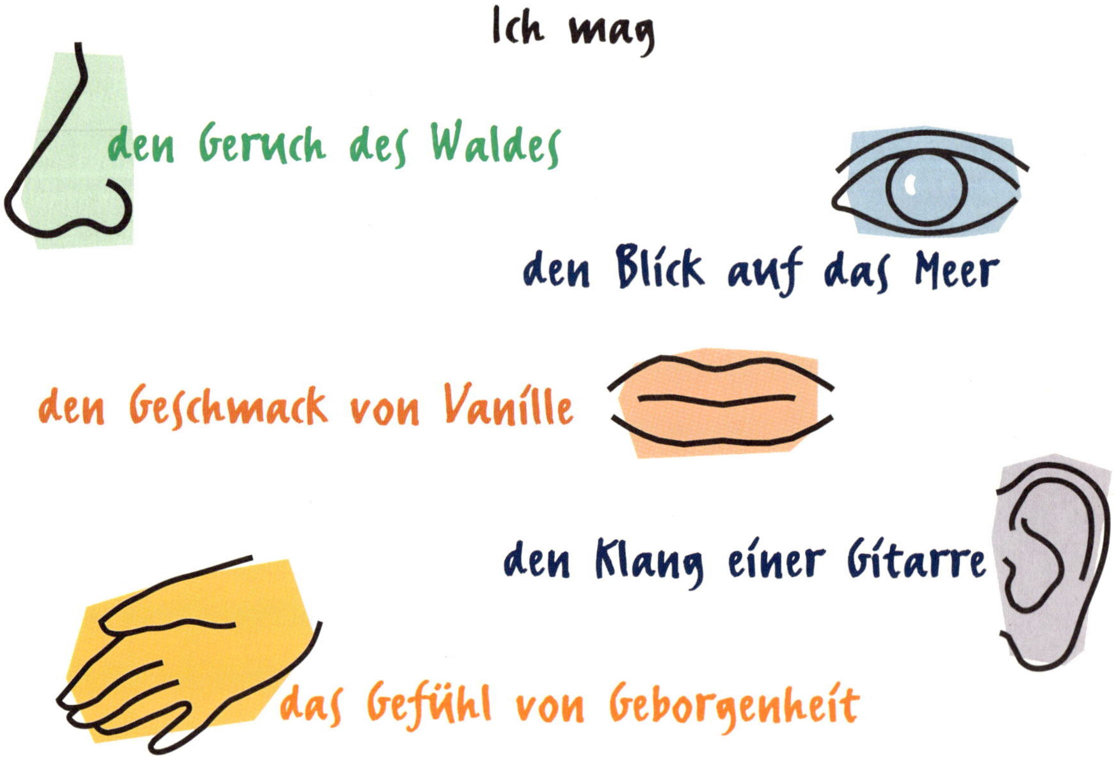

Wir lernen uns besser kennen

Denke an deine verschiedenen Sinne und fülle dann die Leerzeilen aus. In die freien Stellen kannst du das, was du besonders magst, hineinmalen.

Ich liebe den Geruch von

Ich sehe besonders gern

Ich höre besonders gern

Ich mag das Gefühl, wenn

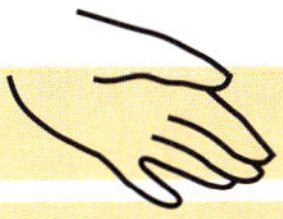

Ich mag den Geschmack von

Metaphern

Lexikon

Metapher: Bild, Vergleich

Auf dieser Seite siehst du einige Redewendungen mit Bildern (z. B. Bauklötze, Ohren, Licht). Welche gefallen dir am besten?

Erkläre mit deinen eigenen Worten, was die Redewendungen bedeuten. Beachte dabei, weshalb gerade dieses Bild für die betreffende Redewendung ausgewählt wurde und welche Sinnesorgane angesprochen werden.
Zeichne auf einem DIN A4 Blatt Bilder zu den Metaphern. Du kannst deine Mitschüler und Mitschülerinnen raten lassen, zu welchen Redewendungen die Bilder gehören.

Halt die  steif.
Er zittert wie Espenlaub.
Da staunst du Bauklötze.
Das stinkt ja zum 
Lass mal Dampf ab!
Das  schlägt mir bis zum Halse.
Eigenlob stinkt.
Er schmiert ihm Honig um den Bart.
Die  voll haben.
Ich ziehe ihm die Hammelbeine lang.
Das  steht mir bis zum Hals.
Er verbrennt sich den 
Jemandem auf den Zahn fühlen.
Sie prüft ihn auf Herz und Nieren.
Mir geht ein  auf.

Bewegungstopf

Ihr steht alle im Kreis. Eine oder einer von euch beginnt und nennt den eigenen Namen. Daniela beginnt zum Beispiel. Sie sagt ihren Namen und macht gleichzeitig eine Bewegung, die zeigt was sie gerne macht. Sie reibt sich z. B. den Bauch und sagt "hmmmmm" um zu zeigen, dass sie gerne isst.
Danielas linker Nachbar Sven übernimmt und sagt: "Daniela – hmmmmm" und wiederholt ihre Bewegung. Dann sagt er seinen eigenen Namen und lässt sich eine eigene Bewegung einfallen.
Svens linker Nachbar wiederholt dann Namen und Bewegungen seiner beiden Vorgänger und fügt den eigenen und eine weitere Bewegung hinzu.
Spielt so lange, wie ihr die Namen und Bewegungen eurer Vorgänger behalten könnt.

ENERGIZER

Namenklatschen

Ihr sitzt im Kreis und eure Lehrerin oder euer Lehrer gibt den Takt vor. Ihr schlagt in gleich bleibendem Rhythmus zuerst einmal mit beiden Händen auf die Oberschenkel, klatscht dann einmal in die Hände und schnipst anschließend einmal links und einmal rechts. Übt das einige Male hintereinander (ohne Pausen zwischen Schnipsen und Oberschenkelklatschen), bis es gleichmäßig und rhythmisch bei allen klappt.
Dann beginnt einer oder eine von euch beim Fingerschnipsen den eigenen Namen zu sagen. Ihr müsst ihn dazu in zwei Silben aufteilen.

Annemarie fängt an: **Oberschenkel – Klatschen – Anne – marie**
Neben ihr steht Philipp: **Oberschenkel – Klatschen – Phil – lip**

Das Spiel setzt sich im Uhrzeigersinn fort und geht so lange, bis jeder von euch seinen Namen gesagt hat.
Wenn ihr eure Namen schon ein bisschen kennt, könnt ihr das Spiel etwas schwerer machen. Ihr sagt dann beim Fingerschnipsen nicht den eigenen, sondern die Namen eurer linken und rechten Nachbarn. Schnipst ihr mit der rechten Hand, nennt ihr den rechten, schnipst ihr mit der linken Hand, nennt ihr den linken Nachbarn.

Balljonglieren

Beim richtigen Jonglieren geht es darum, den Ball möglichst lange in der Luft zu halten. Wenn euch dies gelingen soll, müsst ihr euch den Ball genau und vorsichtig zuwerfen und euch beim Fangen konzentrieren.

Stellt euch in zwei einzelnen Kreisen auf.
In der ersten Runde hat eine oder einer den Ball und alle anderen heben eine Hand hoch. Ein Beispiel: Anke hat den Ball, ruft "Jan" und wirft ihm den Ball zu, dann hebt auch sie den Arm, denn sie wurde ja noch nicht angespielt. Jan fängt, ruft "Nicole" und wirft Nicole den Ball zu usw. Jeder, dem der Ball einmal zugeworfen wurde, lässt die Hand unten. So ist sichergestellt, dass alle ihn einmal bekommen.
Wichtig: Ihr müsst den Ball immer dem gleichen Partner zuwerfen und dabei seinen oder ihren Namen rufen und ihr bekommt ihn immer vom gleichen Partner zurück.
Der letzte Fänger muss den Ball an den ersten Werfer zurückgeben. Der darf zu Beginn nicht vergessen, nach der Ballabgabe den Arm zu heben.
Klappt das Werfen und Fangen schnell und sicher, bekommt jeder Kreis einen weiteren Ball dazu. Könnt ihr das Spiel auch mit zwei Bällen, versucht es mit dreien oder sogar vieren.
Am besten benutzt ihr kleine, weiche Stoffbälle oder ihr nehmt für dieses Spiel zusammengerollte Socken, damit jeder und jede von euch sicher und ohne Angst fangen kann.

Garten der Sinne

Wir, Schülerinnen und Schüler aus der Orientierungsstufe der Gesamtschule in Porta Westfalica, wollen euch von einem tollen Projekt erzählen. Es hat viel Spaß gemacht und es war spannend und aufregend.
Wir haben viel Neues erfahren, gut zusammen gearbeitet und das Lernen hat Spaß gemacht.
Wir haben unsere Gymnastikhalle in einen **"Garten der Sinne"** verwandelt. Eine Woche lang gab es dort Riech-, Fühl- und Tastpfade, sowie eine Klang- und eine Feuerinsel. Sogar die Presse war da. In einem Zeitungsartikel stand:

"Der Blinde machte beim geführten Gehen durch den Sinnesgarten die Erfahrung, dass die Füße mehr wahrnahmen und die Ohren plötzlich mehr hörten. Die Hilfe des Partners war dabei eine gute Erfahrung. Die Klanginsel ermöglichte anhand verschiedener Schallquellen das Erleben von Stürmen, Gewittern und den Spaziergang am Ozean."

(Mindener Tageblatt, 24.12.1996)

Die Fotos und Texte geben euch sicher Anregungen und Ideen um etwas Ähnliches zu machen. Ihr könnt eure Eltern, andere Klassen und Nachbarschulen einladen, um euer Projekt anzusehen und um sich daran zu beteiligen.

Mit geschlossenen Augen kann man Geräusche und Gerüche besonders genau und intensiv wahrnehmen. Aus der Duftlampe strömt ein angenehmes Aroma und die Kerzen aus den verschiedensten Materialien verbreiten die unterschiedlichsten Düfte. Man fühlt sich wie auf dem Basar eines fernen, fremden Landes.

Wenn du durch die Tast- und Fühlstraße gehen willst, suche dir einen Partner, dem du vertraust. Lass dir dann deine Augen verbinden und dich von deinem Partner herumführen. Du wirst ganz unterschiedliche Materialien an deinen Händen und Füßen spüren: Moos, kleine Gummipolster, Papier u. a. Außerdem wirst du viele Geräusche hören, die dir sonst gar nicht auffallen. Das Wichtigste ist, dass du dich auf deinen Partner verlassen kannst.

Die eigenen Eindrücke und Beobachtungen der Besucher unseres **"Gartens der Sinne"** wurden an den einzelnen Stationen auf Fragebogen aufgeschrieben. Dort lagen auch Vorlagen zum Ausmalen.

Der Duftbaum und der Fühlkasten

Das Tolle in unserem "Garten der Sinne" war, dass es nicht nur etwas zum Angucken war, sondern dass alle mitmachen konnten. Jugendliche, Erwachsene und Kinder haben gemeinsam alle Stationen ausprobiert.

An den **Duftbaum** hängten wir viele kleine Gefäße und Tüten, die alle einen anderen Duft verströmten.

Der **Fühlkasten** ist ein geschlossener Karton (am besten eignet sich ein Schuhkarton), in den an einer Stelle eine Öffnung geschnitten wird, in die eine Hand passt. Diese Öffnung wird durch ein Stück Stoff zugehängt.
In diesem Karton sind verschiedene Formen und Oberflächen, die du durch Tasten bestimmen kannst. Weil du nicht sehen kannst, was sich in dem geschlossenen Karton befindet, musst du dich stark auf deinen Tastsinn konzentrieren.

Entspannung mit allen Sinnen

Du suchst dir eine bequeme Lage und fühlst dich ganz entspannt.
Du atmest ruhig und gleichmäßig.
Du schließt die Augen und lässt dich ganz auf das ein, was du hörst.
Es ist früh am Morgen und du gehst barfuß über eine saftige, grüne Wiese.
Du atmest langsam tief ein und aus.
Du spürst noch den feuchten Nebel auf deiner Haut, der Blumen, Bäume und Sträucher nur schattenhaft erscheinen lässt.
Du fühlst dich eingehüllt und geschützt. Du genießt dieses Gefühl und atmest noch einmal ganz bewusst die frische Luft ein.
Es ist noch kühl, du fröstelst ein wenig.
Unter deinen Füßen spürst du den feuchten Morgentau. Ein gutes Gefühl.
Du gehst weiter über die Wiese. Du fühlst dich leicht, fast als würdest du schweben.
Du ahnst, dass die Sonne bald den Nebel durchdringen wird.
Du willst die Zeit festhalten und atmest tief und genussvoll.
Von weitem hörst du das tiefe, friedliche Muhen der Kühe. Wahrscheinlich warten sie darauf, gemolken zu werden. Es klingt wohlig und friedlich.
Du gehst weiter und triffst einen Bauern. Freundlich bietet er dir ein Glas Milch an.
Sie riecht gut und frisch. Du fühlst die kühle Milch angenehm durch deinen Hals rinnen und sie schmeckt dir herrlich.
Du gehst weiter. Die Sonne geht auf. Ein wunderschönes Bild! Du bleibst stehen und betrachtest sie, wie sie sich immer weiter durch den Nebel schiebt.
Die Luft wird langsam wärmer und du atmest sie mit allen Sinnen ein.
Du spürst eine große Weite um dich herum. Du schliesst die Augen und läßt die Sonnenstrahlen dein Gesicht wärmen. Angenehm! Friedlich!
Jetzt gehst du langsam den Weg zurück und riechst schon von weitem das Holzfeuer, das in kleinen Wölkchen aus dem Schornstein einer Berghütte qualmt. Feriengefühl!
Du versuchst es tief in dich einzuatmen und dort festzuhalten.
Du weißt, gleich wirst du an dem großen Holztisch des Bauern sitzen und ein gutes Frühstück bekommen. Du riechst schon jetzt den Duft von Kakao und frischen Brötchen. Das Wasser läuft dir im Munde zusammen.
Doch du hast es nicht eilig. Noch einmal bleibst du stehen.
Du atmest ganz gleichmäßig und tief. Du bist entspannt und glücklich.
Du fühlst dich ruhig und wohl und genießt die Situation. Das Leben ist schön!

Komm´jetzt langsam in die Gegenwart zurück. Versuche eine schöne, farbenprächtige Brücke aus dem Bergdorf in dein Klassenzimmer zu spannen und behalte das gute Gefühl, das dich erfüllt. Erinnere dich noch einmal an einzelne Bilder und öffne dann die Augen – in deinem eigenen Tempo.
Vielleicht hast du Zeit ein besonders schönes Bild, das du eben vor dir gesehen hast, zu malen.

Uta-Kristina, 14 Jahre

This is me again

Sicher kannst du inzwischen diese Angaben auch schon in englischer Sprache aufschreiben.
Willst du es versuchen?
Deine Lehrerin oder dein Lehrer wird dir helfen.

Please fill in the chart about yourself and then get the same information about five of your friends.

Good luck!

NAME	EYE COLOUR	HAIR COLOUR	HEIGHT

Are any two friends alike? .... **Which two?** ....

Now take fingerprints from each of your interview partners.

Can you speak English? I am sure you can. Ask your English teacher. Maybe he or she will help you. Estimate (schätzen) how long some of your friends´ body parts are. Then work with them to find out their actual measurements.

Please ask your maths teacher to find out your measurements in feet and inches.

height
est. . . . .
meas. . . . .

arm span
est. . . . .
meas. . . . .

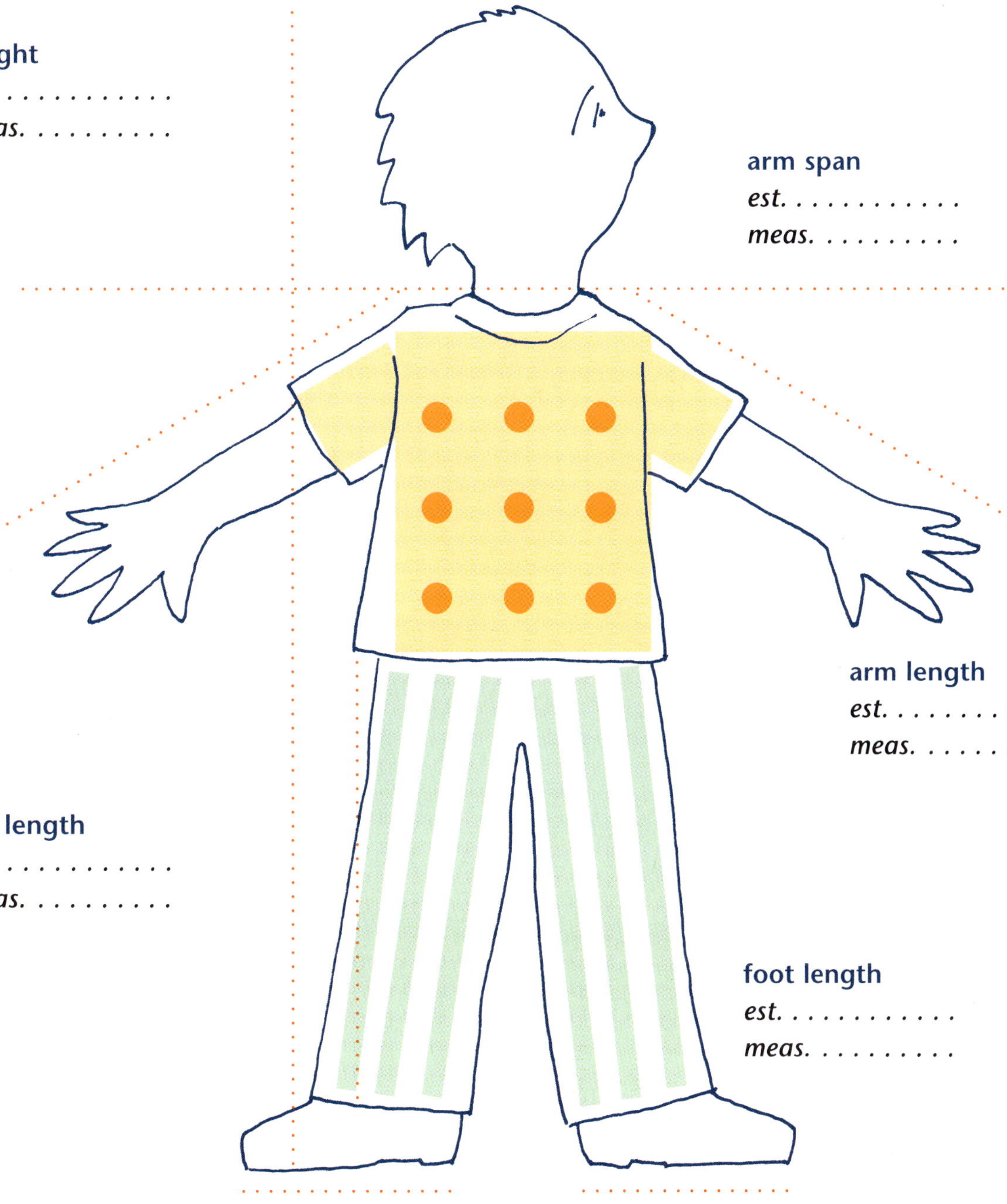

arm length
est. . . . .
meas. . . . .

leg length
est. . . . .
meas. . . . .

foot length
est. . . . .
meas. . . . .

Wenn ich ein … wäre, dann …

… ein Riese wäre, dann

… ein Auto wäre, dann

… ein bekannter Sportler wäre, dann

… eine Blume wäre, dann

… ein Haus wäre, dann

… ein Tier wäre, dann

… eine weiche Feder wäre, dann

... eine Friedenstaube wäre, dann

... ein bekannter Star wäre, dann

Ich als ...

Versuche einen ähnlichen Vergleich herzustellen.
Als was möchtest du dich fühlen?

Wenn ich eine Feder wäre –
o ja, das wäre schön!

Weiß und ein bisschen rosa an meinem Federkiel – so sehe ich aus. Ich schwebe leicht und frei durch die Luft. Immer höher und höher schwebe ich. Die Luft ist warm und fühlt sich gut an. Hier oben gibt es keine Probleme.

Huch – gerade bin ich gegen eine kleine, weiche Wolke gestoßen. Ein bisschen kühl ist es gewesen. Hoffentlich sind meine feinen Daunen nicht feucht geworden und hoffentlich falle ich nicht herunter!

Nein, die Sonne trocknet mich und ich schwebe gefahrlos weiter. Tief unter mir sehe ich meine Schule. Ich wackele dreimal hin und her. So winken wir als Federn. Ich lerne immer besser zu fliegen und habe keine Angst mehr.

Plötzlich höre ich lautes Geschrei. Es sind Möwen, die mich in der Luft begrüßen. Ich bin am Meer! Wir spielen und toben zusammen. Jeder kann hier so laut und wild sein, wie er will.

Doch es macht müde. Ich verabschiede mich von den Vögeln und lasse mich ganz langsam auf den Strand zutreiben. Der Sand ist warm und weiß. Ich buddele mich ein bisschen hinein, damit der Wind mich nicht wegtreibt und schlafe gleich ein.

Dabei träume ich von dem nächsten schönen Tag in der Luft. Morgen werde ich nämlich auf der großen rosafarbenen Wolke direkt über mir meine besten Freunde zur "Federdisko" treffen.

Lea, 12 Jahre

Marsha, 13 Jahre

A

Hi, lern mich kennen

Ich heiße: ....

Mein Spitzname ist: ....

Besonders hübsch an mir ist/sind: ....

....

Meine besten Charaktereigenschaften sind: ....

....

Ich kann besonders gut ....

....

Am liebsten beschäftige ich mich mit ....

....

Am wenigsten mag ich ....

....

Mit meinen Freundinnen und Freunden singe, ...

.... ich besonders gern.

....

Mit meiner Familie spiele, ...

.... ich besonders gern.

Hi, lern mich kennen

Gib diese Seite einer erwachsenen Person, die du gut kennst.

Ich heiße: ....

Mein Spitzname ist: ....

Besonders hübsch an mir ist/sind: ....

....

Meine besten Charaktereigenschaften sind: ....

....

Ich kann besonders gut ....

....

Am liebsten beschäftige ich mich mit ....

....

Am wenigsten mag ich ....

....

Mit meinen Freundinnen und Freunden singe, ...

.... ich besonders gern.

....

Mit meiner Familie spiele, ...

.... ich besonders gern.

Das alles und noch viel mehr, das bin ich

Suche zwölf der unten aufgeführten Wörter aus, die zu dir passen und schreibe sie in die Kästchen.

hilfsbereit	musikalisch	freundlich	lebhaft
temperamentvoll	beliebt	ruhig	zuverlässig
frech	laut	geduldig	ehrlich
cool	sportlich	dankbar	nicht gerade
stolz	langsam	aufregend	fleißig
sorgenvoll	ernst	wild	rede viel
fantasievoll	höflich	vorsichtig	gutaussehend
großzügig	liebenswert	schweigsam	schüchtern
stur	charmant	faul	ängstlich
naturverbunden	jähzornig	verliebt	feige

Die Reise zum vergangenen ICH

Stelle beide Füße nebeneinander auf.
Lege die Arme auf den Tisch,
den Kopf in die Arme.
Schließe die Augen.
Spüre die Ruhe.
Ganz langsam fahren wir mit der Zeitmaschine zurück,
zurück,
weiter zurück ...

Es ist hell, die Sonne scheint. – Die Luft ist angenehm warm.
Ich sehe mich als kleines Kind, ungefähr drei oder vier Jahre alt.
Ich beobachte das kleine Kind, das ich selbst bin:
wie es spielt, wie es sich beeilt, wie es lacht,
wie es sich bückt, wie es etwas aufhebt.
Ich erkenne, es ist eine kleine Persönlichkeit,
die schon viel Ähnlichkeit mit mir hat.
Die kleine Person sieht mich jetzt an, kommt auf mich zu.
Ich gehe in die Hocke und spreche die kleine Person an:

Pause

Die kleine Person sieht mir in die Augen und sagt etwas zu mir.

Pause

Sie öffnet die Hand und gibt mir etwas,
das sie eben gefunden hat.

Pause

Ich sage etwas Freundliches.

Pause

Ich muss jetzt gehen.
Die kleine Person beobachtet mich noch,
wie ich mich weiter und weiter entferne.
Schwer liegt mein Kopf im Sessel der Zeitmaschine.
Ich atme tief durch und komme zurück.

. . . .

Rückschau:

Welche Ähnlichkeiten hatte die kleine Person mit mir?
Was haben wir gesagt?
Was hat sie aus der Hand gegeben?

Mit freundlicher Genehmigung von Renate Zöller, Berlin.
Aus: O. Hagedorn: Vom ICH-Heft zur bewussten Selbststeuerung. BIL

ICH

Meine Nase ist dick
meine Zähne zu GROSS
mein rundes Gesicht ein Kartoffelkloß.

Aber –
oft bin ich super, super, super gut.

Meine Füße sind platt

meine  Augen eckig,
meine Hände sind fast immer dreckig.

Aber trotzdem –
oft bin ich super, super, super gut.

Meine Stimme klingt schrill
im Sport bin ich träge
meine Lehrer nennen mich NERVENSÄGE

Doch ich weiß –
ich bin auch sehr oft super, super, super gut.

Sandra, 12 Jahre

Nimm dir ein unliniertes DIN A4 Blatt und schreibe in deiner schönsten Schrift dein eigenes ICH-Gedicht.
Überlege dir, wie du deine Seite besonders gestalten kannst.
Du kannst z. B. mit einem besonderen Stift in deiner Lieblingsfarbe schreiben, du kannst einen schönen Rahmen zeichnen oder Bilder aufkleben.
Wenn eure Gedichte fertig sind, könnt ihr sie gemeinsam in der Klasse aufhängen.

Ich will zeigen, was ich kann

Du kannst in deiner Klasse etwas zeigen, was du gut kannst oder was dich sehr interessiert. Zur Vorbereitung kannst du den folgenden Brief zu Hause jemand zeigen, die oder der dir helfen kann.
Fülle diese Seite aus und gebe sie deinem Lehrer oder deiner Lehrerin.
Viel Spaß!

Hallo, ihr Lieben zu Hause,

ich möchte meiner Klasse etwas zeigen, was mich ganz besonders interessiert oder was ich wirklich gut kann. Vielleicht können meine Mitschüler/innen dies sogar von mir lernen.
Am besten wäre es, wenn alle in der Klasse dabei mitmachen könnten.
Bitte helft mir das Richtige zu finden und diese Seite auszufüllen.
Ich würde mich sehr über eure Hilfe freuen.

Eure/Euer

....

Mein Projekt: ....

Welches Material brauche ich? ....

....

....

....

Ich kann mein Projekt selbst bezahlen ja ☐ nein ☐

Ich kann mein Projekt alleine vorstellen ja ☐ nein ☐

Ich brauche die Hilfe von ....

Meine Mitschüler/innen können bei diesem Projekt ....

....

....

Ich habe das, was ich mir vorgenommen habe, zu Hause ausprobiert ☐

Ideen: *Falten mit Papier, Kerzen gießen, Marmorieren, einen Tanz einüben, ein Lied einstudieren, ein gesundes Sandwich machen, Kuchen backen usw.*

Wir gestalten unseren Klassenraum

Habt ihr euch schon einmal überlegt, wie viel Zeit am Tag ihr in eurem Klassenraum verbringt? Da kommen schon eine Menge Stunden in der Woche zusammen. Es ist also wichtig, dass ihr euch in diesem Raum auch wohl fühlt. Das gelingt am besten, wenn ihr ihn gemeinsam mit euren Lehrern selbst gestaltet, nicht indem ihr gekaufte oder ausgeschnittene Poster an die Wand hängt. Ihr sollt euch selbst in diesem Raum wiederfinden.
Diskutiert darüber, wie ihr das machen könnt.
In diesem Heft findet ihr Anregungen von Schülerinnen und Schülern die ihren Klassenraum selbst gestaltet haben.

Jeder von euch bekommt eine Kopie der unten abgebildeten Figur. In den Kopf klebt ihr ein Foto, auf dem ihr selbst zu erkennen seid (möglichst euer Gesicht). In den rechten Arm schreibt ihr den Namen eures rechten Nachbarn und in das rechte Bein das, was ihr ganz besonders gut an ihm oder ihr findet. Dasselbe macht ihr mit dem linken Arm und dem linken Bein über euren linken Nachbarn. Dann gestaltet eure Figur so schön wie ihr könnt. Denkt aber daran, dass die Schrift immer gut lesbar bleibt. Anschließend werden alle ausgeschnittenen Bilder im Kreis nebeneinander auf ein großes Stück Tonpappe geklebt. Es entsteht ein

- Circle of friends - Poster.

Wenn ihr wollt, könnt ihr anschließend vor der Klasse berichten, über wen ihr geschrieben und an welche Situationen ihr dabei gedacht habt.

SCHATTENBILDER

Wenn ihr eure Daumen auf bunte Stempelfarbe drückt, sehen eure Abdrücke viel fröhlicher aus. Dasselbe könnt ihr als Hand- oder Fußabdruck anfertigen und euren persönlichen Steckbrief oder entsprechende Fotos oder Bilder daneben setzen.

Unsere Fingerabdrücke

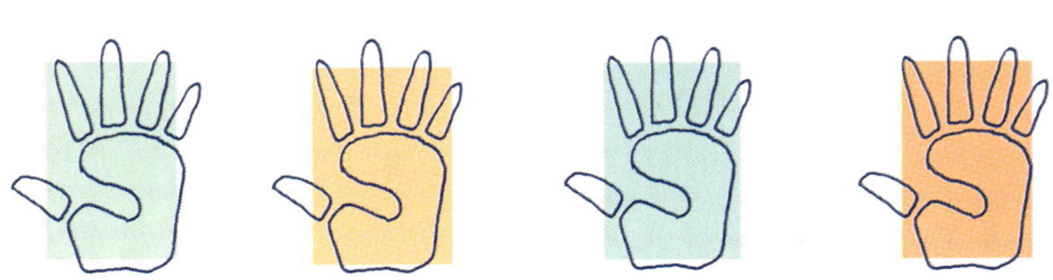

Unsere Handabdrücke

Fandet ihr die Ideen eurer Mitschülerinnen und Mitschüler gut?
Vielleicht sprecht ihr dann gemeinsam über eigene Vorschläge, wie euer Klassenraum einmal aussehen soll.

Viel Spaß in eurer Klasse!

Ich bin stolz auf mich ...

Du findest auf dieser Seite lauter Eigenschaften, auf die man stolz sein kann. Lies die Adjektive (Eigenschaftswörter) langsam durch und entscheide dann, welche gut zu dir passen. Schreibe fünf der Eigenschaften, die **oft auf dich zutreffen** und auf die du besonders stolz bist, in die Wolken.

freundlich	**kreativ**	**nachdenklich**	**künstlerisch**
höflich	**sportlich**	**ruhig**	**hilfsbereit**
tolerant	**sprachbegabt**	**kameradschaftlich**	**niedlich**
großzügig	**tänzerisch begabt**	**temperamentvoll**	**klug**
mutig	**geduldig**	**rücksichtsvoll**	**fleißig**
geschickt	**lustig**	**fröhlich**	....
empfindsam	**zurückhaltend**	**musikalisch**	....
aufmerksam	**hübsch**	**stark**	....

Wenn irgendwelche Begriffe, die gut zu dir passen, nicht dabei sind, schreibe sie einfach dazu.

Jetzt musst du dich wieder neu entscheiden. Suche aus den Wolken zwei Eigenschaften heraus, die **ganz besonders gut** zu dir passen und schreibe sie in die Bäumchen.

Nun suche die Eigenschaft heraus, die deiner Meinung nach **am besten** zu dir passt und schreibe sie in den Stern.

... in meiner Klasse

Wenn ihr wollt könnt ihr jetzt zusammen einen Stern aus Tonpapier ausschneiden, in den jede/r von euch die Eigenschaft einträgt, die am besten zu ihr oder zu ihm passt. Am besten fertigt ihr vorher eine Schablone an, damit alle eure Sterne die gleiche Größe haben.
Wie wär's, wenn ihr dann die Sterne rechts und links von eurer Klassentür aufhängt? Sucht einen passenden Platz!

Kann jemand von euch gut fotografieren? Knipst euch gegenseitig oder bringt ein Bild von zu Hause mit. Klebt dann diese Fotos auf einen Streifen Tonpapier und ordnet jedem Gesicht den richtigen Stern und die richtige Eigenschaft zu.
Dieses große Poster könnt ihr dann über eure Klassenzimmertür kleben.

Ihr werdet staunen, was ihr alles könnt.

Ich bin stolz auf mich, denn ich bin ...

Denkt doch einmal darüber nach, welche Menschen zu einer guten Schulgemeinschaft gehören. Was tun sie?
Lernt sie kennen und denkt daran, auch ihnen ab und zu eine Freude zu machen.

Klar, dass euer Klassenlehrer zu eurer Klasse gehört. Denkt aber auch an die anderen Lehrerinnen und Lehrer, die euch unterrichten und an diejenigen, die dabei mithelfen, dass an eurer Schule alles so gut funktioniert.

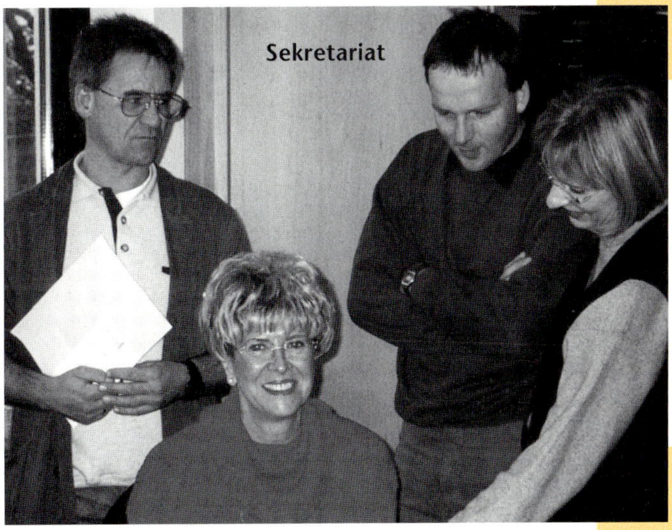

Schulleitung, Hausmeister, Lehrerin, Sekretärin

B Wir gehören zusammen

Ich mit dir und du mit mir

Ich bin ich, und du bist du!
Wenn ich rede, hörst du zu.
Wenn du sprichst,
dann bin ich still,
weil ich dich verstehen will.
Wenn du fällst, helf´ich dir auf,
und du fängst mich, wenn ich lauf´.
Wenn du kickst, steh´ich im Tor,
pfeif´ich Angriff,
schießt du vor.
Spielst du pong,
dann spiel´ich peng,
und du trommelst,
wenn ich renn´.
Allein kann keiner diese Sachen,
zusammen können wir viel machen.
Ich mit dir und du mit mir -
das sind wir.

Irmela Bender

B

Wir gehören zusammen

FAX

Suche dir eine Partnerin oder einen Partner in der Klasse, die oder den du besser kennen lernen möchtest. Du kannst dann ein Interview führen und Fragen stellen.
Die Antworten trägst du in diesem Blatt ein.

Meine beste Freundin/mein bester Freund ist . . . .

Mein/e Lieblingssportler/in ist . . . . **weil,** . . . . . .

. . . .

Meine Lieblingsgruppe ist . . . . **weil,** . . . . . .

. . . .

Mein Lieblingsstar ist . . . . **weil,** . . . .

. . . .

Mein Lieblingstier ist . . . . **weil,** . . . .

Mein Lieblingsbuch ist . . . . **weil,**

. . . .

Meine Lieblingslehrerin ist . . . . **weil,** . . . .

. . . .

Mein Lieblingslehrer ist . . . . **weil,** . . . .

. . . .

In den Ferien bin ich am liebsten . . . .

weil, ...

Ich sammle . . . .

. . . .

Hier kannst du ein Foto von deinem Gesprächspartner einkleben

Wie bist du?

Suche einen Jungen oder ein Mädchen, auf den oder die einer der Sätze zutrifft. Am Schluss soll vor jeder Aussage der Name von einem Mitschüler oder einer Mitschülerin stehen.
Sprich die Einzelnen an und bitte sie ihren Vornamen selbst besonders schön einzutragen. Es darf aber keiner zweimal unterschreiben.
Versuche bei allem, was du tust, so leise wie möglich zu sein: leise aufzustehen, leise zu den einzelnen Mitschülern zu gehen, leise deine Fragen zu stellen, niemanden anzurempeln usw.
Deine Lehrerin oder dein Lehrer wird dir für besonders gutes Gelingen Pluspunkte geben. Frage anschließend, ob du es geschafft hast, die Befragung wirklich leise durchzuführen.
Wenn du fertig bist, setze dich leise hin und kreuze die Aussagen an, die auch auf dich zutreffen.

1. .... **hat Sommersprosen.**

2. .... **trägt Ohrringe.**

3. .... **hat lockiges Haar.**

4. .... **besitzt eine Basketballkappe.**

1. .... **ist ordentlich.**

2. .... **hat Angst vor Gewitter.**

3. .... **liest gern.**

4. .... **hilft in der Küche.**

1. .... **petzt selten.**

2. .... **hat ein Kuscheltier.**

3. .... **macht sein/ihr Bett selbst.**

4. .... **geht vor 21.00 Uhr ins Bett.**

ENERGIZER

Ich mag dich

Eine Schülerin oder ein Schüler steht in der Mitte eures Sitzkreises und hat keinen Stuhl. Er oder sie sagt: „Ich mag alle, die heute weiße Socken tragen." Alle, die weiße Socken tragen, stehen auf und suchen sich einen neuen Stuhl, ebenso die- oder derjenige in der Mitte.
Eine/r wird übrig bleiben, stellt sich nun in die Mitte und sagt z. B.: "Ich mag alle, die heute Ohrringe tragen" usw.
Niemand darf den Stuhl links oder rechts neben sich besetzen.
Wenn ihr das Spiel einige Male gespielt habt, könnt ihr eine neue Variante ausprobieren. Ihr dürft, während ihr euch einen neuen Platz sucht, eure Mitschüler/innen nicht berühren und sollt trotzdem schnell sein.
Wenn ihr in der Mitte steht, dürft ihr euch aussuchen, wen ihr alles mögt. Zum Beispiel:

Ich mag alle, die gern tanzen.
Ich mag alle, die rote Haare haben.
Ich mag alle, die früh ins Bett gehen.
Ich mag alle, die einen Freund haben.

Wurdet ihr alle gemocht?

Entknoten

Verteilt euch auf zwei Stuhlkreise; auf einen Innen- und einen Außenkreis. Alle Schülerinnen und Schüler, die im Innenkreis sitzen, stehen auf ein bestimmtes Signal hin auf, schließen die Augen und heben die rechte Hand. Versucht dann ohne zu blinzeln eine andere Hand zu finden und haltet sie vorsichtig fest. Irgendwo werdet ihr eine ertasten. Hört ihr erneut den verabredeten Ton, öffnet die Augen. Ihr seid ganz schön ineinander verknotet. Die Schülerinnen und Schüler des Außenkreises werden euch jetzt helfen euch zu entknoten, ohne dass ihr die Hand des anderen loslassen dürft. Am Schluss solltet ihr alle Hand in Hand nebeneinander stehen.
Dann wechselt der Innen- mit dem Außenkreis und ihr versucht es noch einmal.

Roboter und Programmierer

Sucht euch einen Partner oder eine Partnerin. Für den Energizer muss einer von euch der Programmierer sein und einer der Roboter. Im zweiten Durchgang tauscht ihr die Rollen.
Folgende Zeichen werden verabredet:
Tippen auf die linke Schulter – der Roboter geht nach links.
Tippen auf die rechte Schulter – der Roboter geht nach rechts.
Tippen auf den Rücken – der Roboter geht nach vorn.
Tippt ihr eurem Partner dreimal vorsichtig auf den Kopf, geht er im Stehen weiter.
Es darf in eurer Klasse keine Zusammenstöße geben. Klappt alles? Dann tauscht die Rollen.
Im nächsten Durchgang soll ein Programmierer versuchen zwei Roboter zu bewegen. Die beiden stehen mit drei Schritt Abstand Rücken an Rücken und der Programmierer versucht sie so einzustellen, dass sie anschließend voreinander stehen.

"Bingo"

Überlege dir, auf welche Mitschüler/innen die Texte in den einzelnen Kästchen zutreffen.
wichtig: Gehe so leise wie möglich zu ihnen und frage sie im Flüsterton.
Je leiser du es schaffst, desto besser hast du die Aufgabe ausgeführt.
Hast du jemanden gefunden, der z. B. gerne singt, schreibt dieser seinen Vornamen in das entsprechende Kästchen. Jeder Name darf jeweils nur einmal auftauchen.
Wenn du in der waagerechten oder der senkrechten oder der diagonalen Reihe fünf Unterschriften bekommen hast, rufst du laut **"Bingo"**.
Wer zuerst zu jedem Kästchen einen Namen vorweisen kann und dabei leise gewesen ist, hat gewonnen. Denke daran: Die Antworten können überprüft werden. Ein Name darf höchstens 2 mal erscheinen.

Suche eine Mitschülerin oder einen Mitschüler, der oder die ...

ein Musikinstrument spielt	mehr als zwei Sprachen spricht (wenn auch nur ein bisschen)	gerne zur Schule geht	Angst vor Gewitter hat	gerne Plätzchen backt
mehr als zwei Geschwister hat	gut turnen kann	öfter etwas vergisst	in diesem Jahr noch nie in der Schule gefehlt hat	etwa so groß ist wie du
gerne singt	weiß, was **NBA** bedeutet	einen Witz erzählen kann	gut zuhören kann	gut im Diktatschreiben ist
gerne wandert	in einem anderen Land geboren wurde	schnell laufen kann	im gleichen Monat wie du geboren ist	ein Gedicht auswendig kann
mehrere Kuscheltiere hat	den Winter lieber als den Sommer mag	handwerklich geschickt ist	gerne liest	ein Kunststück vormachen kann

Tim ist immer noch dick und die Geschichte vom schwarzen Schaf

Früh am nächsten Morgen wanderten sie zum Dorf hinunter. Der Vater bekam Arbeit in einem Bauernhof. Tim ging auf die Sraße. Dort spielten einige Jungen Fußball.
"Seht euch den Dicken dort an!", rief einer von ihnen. Er zeigte mit dem Finger auf Tim. Alle starrten ihn an und lachten.
"Ihr Blöden", sagte Tim leise. Er spürte, wie er einen roten Kopf bekam. Schnell lief er zum Vater.
"Was gibt es?", fragte der. Er merkte sofort, dass Tim traurig war.
"Hier ist es genauso wie zu Hause", sagte Tim. "Sie lachen mich aus, weil ich dick bin. Weshalb muss ich nur so schrecklich aussehen?"
"Aber du siehst doch nicht schrecklich aus!", rief der Vater. "Du siehst aus wie Tim. Auf der ganzen Welt gibt es nur einen einzigen Tim Feuerschuh. Der ist nun einmal dick. Du musst dich daran gewöhnen."
"Aber ich will und will und will nicht!", rief Tim. "Ich werde jetzt einfach nichts mehr essen, bis ich dünn bin."
"Davon wirst du nur krank! Das kleine schwarze Schaf ist auch krank geworden. Ich will dir die Geschichte erzählen."

Nimm dir ein DIN-A4-Blatt oder dein Heft für die folgenden Aufgaben zu dieser Geschichte.

- ***Welche Verhaltensweisen und Aussagen der Jungen verletzen Tim?***
- ***Schreibe die entsprechenden Textstellen heraus.***

Also, es war einmal ein kleines schwarzes Schaf. Alle anderen Schafe in der Herde waren weiß. Jedenfalls meinten sie, sie wären weiß. Eigentlich sahen sie mehr grau aus. Aber zu dem kleinen Schwarzen sagten sie: "Böh! Du bist aber scheußlich schwarz!" Und dann war das schwarze Schäfchen traurig. Es lief fort und versteckte sich. Einmal stellte es sich sogar zwei Stunden in einen tiefen Bach. Doch der konnte es auch nicht weiß waschen. Es bekam nur einen Schnupfen von dem kalten Wasser.
Da lief es zu einer anderen Herde. Aber da erging es ihm nicht besser. "Böh!", machten die fremden Schafe. "Habt ihr schon einmal so etwas Schwarzes gesehen? Alle Schafe müssen weiß sein!"
Da dachte das arme Schäfchen, der liebe Gott hätte sich vielleicht bei ihm geirrt mit der schwarzen Farbe.
Es wollte zu ihm gehen und ihn bitten es weiß zu machen wie die anderen Schafe. Zuerst kam es an das kleine Himmelstor. Der Torhüter wollte es nicht vorüberlassen, weil es so schwarz war. Aber es machte sich ganz klein und schlüpfte an ihm vorbei. Der Torhüter am mittleren Himmelstor hatte Mitleid mit ihm, weil es so schwarz sein musste. Deshalb ließ er es weitergehen. Aber der Torhüter am letzten großen Himmelstor, der rief:
"Ach, wie hübsch, ein schwarzes Schäfchen! Du gefällst mir aber gut", und führte es zum lieben Gott.

Nun bekam das Schäfchen plötzlich Angst. Vielleicht wollte der liebe Gott keine schwarzen Schafe sehen? Seine dünnen Schafsbeine zitterten vor Angst. Doch da rief der freundliche Torhüter: "Wie wunderschön hast du alles gemacht, lieber Himmelsvater. Ist dies nicht ein ganz entzückendes kleines schwarzes Schäfchen? Gewiss hast du es besonders lieb!" Und der liebe Gott sah das kleine Schwarze an und sagte: "Ja!" Sonst nichts.
Aber das Schäfchen war im gleichen Augenblick so glücklich wie noch nie in seinem Leben. Es sprang zurück zu seiner Herde. "Böh!", machten die anderen Schafe. "Das hässliche Schwarze ist wieder da." Aber das Schäfchen dachte nur daran, dass der liebe Gott es selbst so schwarz gemacht hatte und dass er es lieb hatte und schön fand. Da konnte es nur noch fröhlich sein.
"Ja!", sagte es. "Ich weiß, ich bin schwarz." Und es fraß sein Gras und war freundlich zu den anderen Schafen. Die gewöhnten sich schließlich an ihr schwarzes Brüderchen und ließen es in Ruhe.

"Meinst du, ich bin auch ein Schaf?", fragte Tim. [...]

Aus: Ursula Wölfel, Feuerschuh und Windsandale. Hoch Verlag, Düsseldorf 1983, S. 67-75.

- ***Welche Aussagen verhelfen Tim zu einem besseren Gefühl?***
- ***Überlege dir einen eigenen Schluss für diese Geschichte. Wie wird sich Tim verhalten, wenn er das nächste Mal die spielenden Jungen trifft?***

Hier kannst du ein Bild zu dieser Geschichte malen.

Ich finde mich … ich finde dich …

In den kleinen Kästen soll am Ende der Stunde stehen, was ihr an euch selbst, an euren Lehrern und Lehrerinnen und an euren Mitschülern und Mitschülerinnen besonders gut findet.
Zuerst werden eure Lehrer euch in Gruppen einteilen. Setzt euch mit den anderen Gruppenmitgliedern zusammen. Nehmt euch einen Stift, mit dem ihr besonders schön schreiben könnt und füllt das erste Kästchen aus.

Dann denkt an die anderen, die mit euch zusammensitzen und schreibt auf, was euch an ihnen besonders gefällt, was ihr besonders hübsch, nett oder beeindruckend findet.

Übrigens: Du siehst, dass ein Kasten für deine Lehrerin oder deinen Lehrer gedacht ist. Bitte sie oder ihn aufzuschreiben, was sie oder er an dir besonders nett findet.

An mir selbst gefällt mir, dass

. . . .

. . . .

. . . .

. . . .

. . . .

. . . .

Mir gefällt an . . . .

dass . . . .

. . . .

. . . .

. . . .

. . . .

. . . .

Mir gefällt an . . . .

dass . . . .

. . . .

. . . .

. . . .

. . . .

. . . .

Mir gefällt an . . . .

dass . . . .

. . . .

. . . .

. . . .

. . . .

. . . .

Mir gefällt an ....

dass ....

....

....

....

....

....

Mir gefällt an ....

dass ....

....

....

....

....

....

Mir gefällt an ....

dass ....

....

....

....

....

....

Mir gefällt an ....

dass ....

....

....

....

....

....

Mir gefällt an ....

dass ....

....

....

....

....

....

Deiner Lehrerin / deinem Lehrer

gefällt an dir, dass ....

....

....

....

....

....

Drei Wünsche frei

Kennst du das Märchen von Aladin und seiner Wunderlampe? Er brauchte diese Lampe nur zu reiben und schon erschien ein Geist, der ihm seine Wünsche erfüllte. Stell dir vor, du hättest eine solche Lampe und du dürftest sie dreimal benutzen.

Der erste Wunsch darf sich auf dich selbst beziehen, auf etwas, das dir sehr wichtig ist. Ein zweiter Wunsch soll sich auf eine andere Person beziehen, die dir sehr nahe steht, und ein dritter Wunsch soll die Welt, in der du lebst und aufwächst, betreffen.

Was wünschst du dir?
Schreibe die drei Wünsche auf.

1. Wunsch

2. Wunsch

3. Wunsch

Andere glücklich machen

Denke an drei verschiedene Personen, denen du eine Freude machen könntest, an Freunde oder Erwachsene. Was könntest du tun?
Schreibe vier verschiedene Möglichkeiten in die folgenden Leerzeilen.

Name: . . . .

Was würde sie oder ihn freuen oder womit könntest du dieser Person helfen?

1. . . . .
2. . . . .
3. . . . .
4. . . . .

Name: . . . .

Was würde sie oder ihn freuen oder womit könntest du dieser Person helfen?

1. . . . .
2. . . . .
3. . . . .
4. . . . .

Name: . . . .

Was würde sie oder ihn freuen oder womit könntest du dieser Person helfen?

1. . . . .
2. . . . .
3. . . . .
4. . . . .

GUTSCHEIN

Mit diesem Gutschein verspreche ich
meiner Freundin . . . .
meinem Freund . . . .
eine schöne Überraschung für die kommende Woche
Name . . . .

GUTSCHEIN

Mit diesem Gutschein verspreche ich
meiner Mutter . . . .
meinem Vater . . . .
eine schöne Überraschung für die kommende Woche
Name . . . .

Rezepte à la carte

Sicher weißt du, was ein Rezept ist. Frage doch einmal zu Hause nach dem Lieblingsrezept von deinem Vater, deiner Mutter, deiner Oma oder einem deiner Geschwister. Vielleicht schreibt dir einer von ihnen ein Rezept als Klassengeschenk auf. Meinst du, dass ein ganz besonderes dabei ist? Bringt eure Vorschläge mit und berichtet in der Klasse, was ihr über Rezepte zu Hause erfahren habt.

Gibt es in eurer Schule eine Küche? Dann probiert eins oder einige Rezepte aus. Ihr könnt vorher kleine Kochgruppen bilden und vielleicht werden euch neben euren Lehrern auch einige Eltern helfen. Ihr müsst ja nicht unbedingt am Vormittag backen oder kochen.
Natürlich könnt ihr alles auch zu Hause ausprobieren.

Schreibt euer Rezept so schön, wie ihr könnt, auf ein Blatt und malt etwas dazu. Wenn ihr eure Arbeiten hinterher einsammelt, kann ein "Schülerrezeptbuch" zusammengestellt werden. Beschäftigt euch gemeinsam mit den unterschiedlichen Maßeinheiten, die ihr zum Backen oder Kochen kennen müsst (ml, l, g usw.). Bittet euren Mathematiklehrer um Hilfe.
Ihr könnt natürlich auch englische Rezepte in englischer Sprache suchen, aufschreiben und ausprobieren. Fragt euren Englischlehrer!

Viel Spaß beim Backen, Kochen und Futtern!

French Toast

1/3 cup fresh or frozen strawberries
1/8 cup castor*
1/2 cup softened butter
1/2 cup milk
1 teaspoon cinnamon
4-6 slices toast
2 eggs

* Puderzucker

2 kg Freundlichkeit
100 g Lästern
1 kg Kameradschaft
200 g Tuscheln
400 g Schmusen
600 ml Toben und Brüllen
500 g Frechsein
3 l Liebe
500 g Lehrer ärgern
1 kg Freundschaft

Wie war's? Habt ihr alle dasselbe gegessen und sahen eure Rezepte alle gleich aus? Was war unterschiedlich und was war ähnlich? Erzählt euch von euren Erfahrungen!

Jetzt geht es um ein ganz besonderes Rezept, um ein "Personenrezept". Welche Zutaten brauchst du, wenn du eine Person beschreibst? Vermische dabei Nettes und weniger Nettes, so wie du selbst in Wirklichkeit auch bist. Finde die richtige Mischung. Mit dem Essen, da wird es wohl nicht klappen. Vielleicht aber mit dem Genießen!

Viel Spaß beim "Rezepteschreiben"!

Der Baum der Freundlichkeiten

Um einen Baum in eure Klasse zu bekommen besorgt ihr euch zuerst einen großen Eimer oder einen Blechcontainer, beklebt ihn mit buntem Papier oder malt ihn mit lustigen Farben an.
Anschließend füllt ihr ihn mit Sand oder mit einem anderen schweren und festen Material. Dann wird ein großer, schwerer Ast hineingesetzt. Er muss so groß sein, dass mindestens 30 Karteikarten daran Platz finden.
Noch viel schöner wäre es, wenn ihr einen kleinen Baum bekommen könntet. Dieser könnte zu eurem Klassenbaum werden, der bis zum zehnten Schuljahr (oder länger) mit euch wachsen und sich mit euch entwickeln und entfalten könnte.
Habt ihr euch für einen Ast entschieden, könnt ihr ihn mit einem speziellen Spray behandeln, damit er länger frisch bleibt.
Ihr bekommt dieses Spray in Blumenfachgeschäften oder in Kaufhäusern in der Blumenabteilung.

Wenn der Ast fest in dem Eimer steht, bekommt ihr alle eine farbige Karteikarte.
Denkt euch nun etwas aus, das eine Mitschülerin oder einen Mitschüler dazu auffordert, etwas Nettes, Freundliches oder Gutes zu tun.
Schreibt diese Aufforderung auf die Karteikarte und befestigt sie anschließend an eurem Klassenbaum.
Jeden Morgen vor Schulbeginn ist einer von euch an der Reihe, eine der Karten vom Baum zu nehmen. Er oder sie sollte dann versuchen die dort festgelegte Aufgabe möglichst noch am selben Tag auszuführen.
Es macht viel Spaß, wenn ihr euch gegenseitig durch Zuzwinkern bestimmt. Ihr sitzt z. B. im Kreis und Nicole, die am Vortag ihre Karte bekommen hatte, zwinkert Jan zu, der dann die nächste Karte abnimmt. Am nächsten Tag ist dann Jan an der Reihe, den oder die nächste durch Zuzwinkern zu bestimmen.

B

Mein Freund meine Freundin

Lexikon

Biografie: Lebensbeschreibung, Lebensgeschichte

Kurzbiografie meiner Freundin/meines Freundes

Name ....

Adresse ....

Alter .... **Geburtsdatum** ....

Geschwister ....

Freunde ....

Besondere Eigenschaften oder Merkmale ....

....

Hobbys ....

Was magst du an deinem Freund/deiner Freundin besonders? ....

....

....

....

Was mag deine Freundin/dein Freund an dir besonders? ....

....

....

....

....

....

Ein Foto meiner Freundin/meines Freundes

Freundschaft

Schreibe das Wunschbild auf, das du von einem Freund oder von einer Freundin hast.
Ihr könnt eure Beiträge anschließend sammeln und gemeinsam aufhängen.

Ein Freund ist . . . .

. . . .

. . . .

. . . .

. . . .

. . . .

	ja	nein
• Hat dein Freund oder deine Freundin die gleichen Interessen wie du?		
• Magst du alles, was dein Freund oder deine Freundin auch mag?		
• Seid ihr immer der gleichen Meinung?		
• Wolltest du schon einmal etwas, das der andere nicht wollte?		
• Hast du diese Frage mit Ja beantwortet? Was geschah? Wart ihr danach immer noch Freunde?		

- Ist es besser, mehrere Freunde oder nur eine beste Freundin oder einen besten Freund zu haben? . . . .

	ja	nein
• Hattest du schon eine beste Freundin oder einen besten Freund, als du in die neue Klasse kamst?		
• Hast du dich um neue Freunde und Freundinnen bemüht?		

- Wie hast du das gemacht? . . . .

  . . . .
- Was machst du, wenn ein neuer Schüler oder eine neue Schülerin in deine Klasse kommt? Wie verhältst du dich ihm oder ihr gegenüber? . . . .

  . . . .
- Kannst du etwas tun, damit die anderen in deiner Klasse diesen neuen Mitschüler oder diese neue Mitschülerin freundlich aufnehmen? . . . .

  . . . .

  . . . .

  . . . .

Gute Freunde - schlechte Freunde

Denke an verschiedene Situationen, in denen du mit deinen Freunden oder Freundinnen zusammen warst. Sicherlich hast du dabei viel Gutes erlebt. Deine Freunde haben dich unterstützt, dir geholfen und ihr hattet viel Spaß zusammen.
Aber wir können unter Freunden auch ganz andere Erfahrungen machen. Sie können uns negativ beeinflussen und uns zu Handlungen ermutigen, die schlecht für uns sind und die wir eigentlich gar nicht wollen.
Es gibt Freundschaften, die mit einer großen Enttäuschung enden und manchmal kann aus einer Freundschaft sogar eine Feindschaft werden.
Kannst du dir Situationen für eine schlechte, falsch verstandene Freundschaft vorstellen? Schreibe deine Ideen auf.

. . . .

. . . .

. . . .

. . . .

. . . .

. . . .

Was sollten gute Freunde oder Freundinnen tun, wenn sie der Meinung sind, dass der andere etwas Falsches tut oder tun will? Siehst du ein Problem darin, einem Freund ehrlich die Meinung zu sagen? Was könnte passieren?

. . . .

. . . .

. . . .

Was könntest du tun um eine schlechte Freundschaft zu beenden oder daraus eine gute Freundschaft zu machen?

. . . .

. . . .

. . . .

. . . .

. . . .

Der Kloß

In unserer Klasse war ein dicker Junge, den nannten wir Kloß. In der Pause stand er immer allein herum. Er wollte gern mitspielen, aber wir ließen ihn nicht. Er war ja so ungeschickt und stellte sich so tapsig an. Er störte uns nur. Manchmal wenn uns der Ball fortrollte durfte er ihn wiederholen. Dabei geriet der Kloß jedes Mal außer Atem und keuchte. Das sah sehr komisch aus und wir mussten immer wieder lachen. Dann wurde er rot und schaute verlegen zu Boden. Er schämte sich nämlich, weil er so dick war. Vielleicht wäre er lieber dumm als dick gewesen. Der Kloß war gut in der Schule und er brauchte sich dafür nicht einmal besonders anzustrengen. Wenn einer von uns seine Hausaufgaben nicht gemacht hatte, ließ er ihn aus seinem Heft abschreiben. Oder wenn einer von ihm etwas erklärt haben wollte, dann freute er sich richtig und gab sich viel Mühe dabei.

Aber einen Freund hatte er nicht, der Kloß.

Und der Gert aus unserer Klasse hat das ausgenutzt; viel später hat mir der Kloß davon erzählt.

Einmal hatte der Kloß eine große Apfelsine mitgebracht. Gert ging zu ihm und fragte: "Willst du mein Freund sein?"

"Gert!", rief der Kloß. Er strahlte. "Du hast da eine schöne Apfelsine", sagte Gert. "Willst du sie haben?", rief der Kloß eifrig. "Du bist doch jetzt mein Freund!" Gert nahm sie, aß sie und kam dann zu uns zurück. Wir spielten weiter.

Am nächsten Morgen sagte Gert zum Kloß: "Ich habe eine großartige Idee. Heute Nachmittag gehen wir zusammen ins Kino." Der Kloß war glücklich.

"Ich habe aber mein Taschengeld für diese Woche schon ausgegeben", sagte Gert. "Und du? Hast du noch etwas?"

"Nur im Sparschwein. Aber daraus darf ich nichts nehmen."

"Du bist ja feige."

"Und wenn mich meine Mutter erwischt?"

"Steck dein Sparschwein in deinen Pullover, wenn sie gerade nicht hinschaut. Um drei bin ich vor dem Kino." Um drei war der Kloß mit dem Sparschwein vor dem Kino. Er keuchte und schwitzte.

"Brav", sagte Gert. "Gib her!" Er warf das Sparschwein auf das Pflaster. Es zerbrach. Gert sammelte schnell die Münzen auf. Dann gingen sie ins Kino. Es war ein spannender Wildwestfilm, aber der Kloß hatte nicht viel davon. Er musste immer an das Sparschwein denken. Was würde die Mutter sagen, wenn sie herausbekäme, dass es fort war?

[...]

Als wir in die Klasse gingen, sagte Gert zum Kloß: "Im Kaufhaus gibt es Uhren für zehn Mark. Ich kauf mir eine. Wenn du Lust hast, darfst du mitgehen."

Der Kloß war stolz, dass Gert ihn mitnehmen wollte. Sie kauften die Uhr.

"Sieht gut aus, was?", fragte Gert und hob sein Handgelenk. Dann liefen sie noch im Kaufhaus herum. Als sie in die Spielwarenabteilung kamen, sagte Gert: "Schau mal die Rennautos dort! So eins müsste man haben. Hättest du nicht auch gern eins?"

"Ja", antwortete der Kloß. "Aber wir haben kein Geld mehr."

"Wir sind ganz allein hier", flüsterte Gert. "Ich passe auf. Schnapp dir zwei Autos und schieb sie in den Pullover."

"Aber ...", sagte der Kloß kläglich.

"Los – oder ich bin nicht mehr dein Freund!"

Also ging der Kloß hin und stahl zwei Autos. Aber er stellte sich so ungeschickt an, dass eins auf die Erde fiel.

"Trottel!", zischte Gert und rannte weg.

Der Kloß wollte auch fortlaufen, aber er konnte nicht. Eine Verkäuferin hielt ihn fest. Er war feuerrot.

"Na warte, Freundchen!", rief sie und zog das zweite Auto aus seinem Pullover. Ein Polizist ging mit dem Kloß nach Hause und erzählte alles seiner Mutter.

Wir in der Schule erfuhren es auch. "Du bist ein Dieb, Kloß", riefen wir.

"Jawohl, ein Dieb", sagte Gert. "Ich habe mit eigenen Augen gesehen, wie du die Autos geklaut hast."

"Aber – du hast doch gesagt, dass ich's tun soll", stotterte der Kloß, "und du bist doch mein Freund!"

"Ein Lügner ist er auch", sagte Gert, "und so was will mein Freund sein!" Er drehte sich um.

Gudrun Pausewang

Aus: Wunder Welt. Pädagogischer Verlag Schwann, Düsseldorf 1968. S. 53–56.

Meine Familie und ich

Wen zählst du zu deiner engeren Familie?

....

....

....

Kannst du dich an ein besonders schönes Erlebnis aus deiner Kindheit erinnern?

....

....

....

....

Kannst du dich an besonders schöne Ferien oder an eine schöne Fahrt mit deiner Familie erinnern? Wer war dabei und wo wart ihr?
Was hat dir so besonders gut gefallen?

....

....

....

....

....

....

Wie sollte es deiner Meinung nach in einer Traumfamilie zugehen?
Was wäre dir dabei besonders wichtig?

....

....

....

....

....

....

Mein Stammbaum

Setze dich zu Hause mit den Erwachsenen zusammen und versuche deinen Familienstammbaum so genau wie möglich auszufüllen. Besuche auch deine Großeltern, Tanten, Onkel usw. Vielleicht können sie dir etwas erzählen. Zum Beispiel: Wo wurde dein Großvater geboren? Wie sah es in seinem Geburtsort aus? Wo lernte er deine Großmutter kennen und welche Musik hörte man zu der damaligen Zeit?
Es gibt noch viele spannende Fragen.
Wenn du willst und wenn deine Familie damit einverstanden ist, kannst du von besonders interessanten Erzählungen ja in der Klasse berichten.

Fantasiereise

Schließt die Augen und denkt an eure Atmung.
Stellt euch vor, dass ihr am Strand spazieren geht. Es ist ein wunderschöner sonniger Tag und ihr freut euch über das Geräusch der Brandung.
Auf eurem Spaziergang am Strand bemerkt ihr eine Falltür. Ihr öffnet sie und seht eine Steintreppe, die unter dem Sand entlangführt. Ihr steigt die Treppe hinab. Ihr fühlt euch ganz sicher und kommt in einem Tunnel an. – Ihr lauft durch diesen Tunnel, bis ihr am anderen Ende zu einem Zimmer gelangt. Ihr betretet den Raum, der wie eine Glaskugel aussieht. – Ihr befindet euch in einem gläsernen Zimmer unter dem Meer. Wunderschöne bunte Fische schwimmen draußen umher. Ihr seht ein Unterseeboot und einen Taucheranzug für den Fall, dass ihr einen Ausflug in´s Meer wagen wollt. Jetzt habt ihr eine Minute Zeit, eine Minute, die so lange dauert wie ihr braucht um alle Wunder unter Wasser zu genießen.
Jetzt ist es an der Zeit zurückzukehren. – Ihr lauft zurück durch den Tunnel, die Treppe hinaus ins Sonnenlicht. Ihr schließt die Falltür und wisst, dass ihr immer wieder hierher zurückkehren könnt, wenn ihr wollt. Ihr verlasst den Strand und findet euch in der Gegenwart wieder.
Ich werde bis zehn zählen. Wenn ich bei sechs angelangt bin, könnt ihr leise mitzählen. Öffnet eure Augen bei zehn. Ihr seid dann ganz wach und erinnert euch an euer Abenteuer.
Eins – zwei – drei ...

Aus: Dann trägt mich eine Wolke ..., Maureen Murdock, Freiburg im Breisgau, Bauer Verlag 1995, S. 60.

Wenn du Lust hast, male hier ein Bild zu dieser Fantasiegeschichte.

Ich fühle mich wohl

Mandalas zum Ausmalen, Blatt 23, gezeichnet von Wolfram Fischer.

C Klassenregeln

Ich habe das Recht, wir haben das Recht

Rechte in unserem Klassenraum

Ich habe das Recht
mich in diesem Raum
sicher zu fühlen.
Das heißt:
Niemand darf mich
schlagen, treten, stoßen
oder verletzen.

Ich habe in diesem
Klassenraum das Recht
freundlich behandelt
zu werden.
Das heißt:
Niemand hat das Recht
mich auszulachen, mich zu
missachten oder meine Gefühle
zu verletzen.

Ich habe das Recht
in diesem Raum zuhören zu
können und Anspruch darauf,
dass man mir zuhört.
Das heißt:
Niemand soll laut schreien
oder kreischen.
Meine Wünsche sollen in
diesem Raum gehört und
berücksichtigt werden

Ich habe hier das Recht
ich selbst zu sein.
Das heißt:
Niemand darf mich unfair
behandeln, nur weil ich ihm zu
dick oder zu dünn, zu schnell
oder zu langsam bin.
Weil ich ein Junge oder ein
Mädchen bin.

von: Klasse 7 "Mirabelle", Gesamtschule Hüllhorst

Hier kann ich nicht lernen

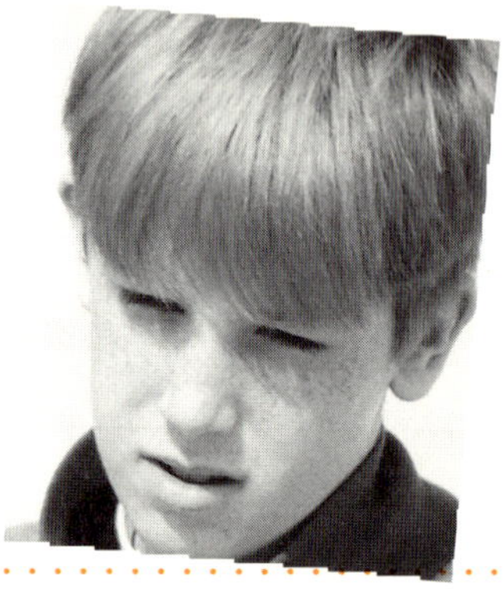

Ich fühle mich in meinem Klassenraum schlecht, wenn

Ich fühle mich schlecht, wenn meine Klassenkameraden

Ich fühle mich schlecht, wenn meine Lehrerin oder mein Lehrer

Ich fühle mich schlecht, wenn ich selbst

Hier kann ich gut lernen

Ich fühle mich in meinem Klassenraum wohl, wenn

Ich fühle mich wohl, wenn meine Klassenkameraden

Ich fühle mich wohl, wenn meine Lehrerin oder mein Lehrer

Ich fühle mich wohl, wenn ich selbst

Gleiches Recht für alle

Wenn ihr euch in eurer Klasse wirklich wohl fühlen wollt, müsst ihr gemeinsam mit euren Lehrerinnen und Lehrern bestimmte Regeln festlegen.
Stell dir einmal vor, jede/r würde immer das tun dürfen, wozu er oder sie gerade Lust hat. Sicher fallen euch da gleich ein paar Beispiele ein.

Wenn du wirklich immer alles tun dürftest, wozu du gerade Lust hast, was würde das für deinen Nachbarn, für andere oder für euren Klassenraum bedeuten? Ihr müsst euch also überlegen, welche Klassenregeln in eurer Klasse gültig sein sollen.
Ihr könnt mithilfe der Arbeitsblätter folgendermaßen vorgehen:

1. *Ihr sprecht mit eurem Lehrer darüber, welche Klassenregeln ihr gut findet.*
2. *Ihr schreibt diese Klassenregeln an die Tafel und stimmt darüber ab, welche für eure Klasse gelten sollen.*
3. *Ihr schreibt die Klassenregeln auf ein großes Blatt, unterschreibt sie alle und hängt sie in eurem Klassenraum auf.*

Bei diesen Überlegungen könnt ihr natürlich auch eure Eltern um Rat bitten. Ladet sie dazu in eure Klasse ein. Sie haben bestimmt viele gute Vorschläge, was für euer Zusammenleben in der Klasse wichtig sein könnte.

→ *Was wollt ihr mit euren Klassenregeln auf jeden Fall erreichen?*
→ *Was erscheint dir dabei besonders wichtig?*

Schreibe diese Punkte in den Kasten auf dieser Seite. Überlege dir eine Überschrift, die alles zusammenfasst, was dir besonders wichtig ist. Du kannst zusätzlich ein Bild dazu malen.

....

- Keine Angst vor anderen Mitschülern haben zu müssen.

Nimm dir ein leeres Blatt und schreibe die Klassenregeln auf, die du für besonders wichtig hältst. Welche Regeln sollten deiner Meinung nach in eurem Klassenraum von allen Schülerinnen und Schülern eingehalten werden?

Meine Klassenregeln

Schreibe die Klassenregeln auf, die **du selbst** für besonders wichtig hälst. Überlege dir bevor du schreibst: Gefällt es dir, wenn du immer wieder lesen musst "Du darfst nicht ...!" oder "Du sollst nicht ...!"
Beschreibe, was du für notwendig hältst um in einer Klasse friedlich und konzentriert lernen zu können. Am Anfang des dritten Kapitels siehst du, wie eine andere Klasse ihre Regeln formuliert hat. Diese Beispiele sind eine Anregung für dich um deine eigenen Vorstellungen aufzuschreiben.

Unsere Klassenregeln

Schreibe die Klassenregeln auf, die ihr gemeinsam erarbeitet habt und an die ihr euch verbindlich halten wollt.
Versuche sie besonders schön und deutlich in den Rahmen zu schreiben.

Klassenregeln

. . . .

. . . .

. . . .

. . . .

. . . .

. . . .

. . . .

. . . .

. . . .

. . . .

. . . .

. . . .

. . . .

. . . .

. . . .

. . . .

Klassenregeln Fortsetzung

. . . .

. . . .

. . . .

. . . .

. . . .

. . . .

. . . .

. . . .

. . . .

Was passiert wenn …

Nimm dir ein DIN-A4-Blatt und beantworte folgende Fragen:

- *Was passiert, wenn alle Schülerinnen und Schüler in deiner Klasse sich an diese Regeln halten?*
- *Was passiert, wenn sie sich nicht daran halten?*

Unsere Klasse

Bei einem Projekt arbeiten meistens alle Beteiligten an einem bestimmten Thema. Das heißt aber nicht, dass alle auch das Gleiche machen müssen. Stell dir zum Beispiel vor, ihr würdet ein Projekt zum Thema "Europa" durchführen. Da könnte sich eine Gruppe, die an dem Fach Erdkunde interessiert ist, mit der Landkarte, der Bodennutzung, der Industrie oder mit dem Verkehr beschäftigen. Einige Schülerinnen und Schüler könnten tanzen und andere europäische Gerichte kochen. Wenn du gern liest, könntest du dich der Gruppe "Europäische Märchen" zuordnen usw.
Du siehst, es gibt verschiedene Möglichkeiten, wenn man sich mit einer bestimmten Sache beschäftigen will.

Hier geht es um das Thema: Sich kennen lernen.

Lies dir zunächst die einzelnen Vorschläge durch und entscheide dann, was dich interessiert und was dir Spaß macht. Vielleicht fällt dir auch eine Möglichkeit ein, die du auf diesen Seiten nicht findest. Erzähle deinen Mitschülern und deinen Lehrern davon, und wenn sie zum Thema passt, nehmt ihr die Idee mit auf. Du kannst in einem Projekt alleine oder mit anderen arbeiten. Du musst dich aber für ein Projekt entscheiden. Überlegt euch in der Klasse, wie ihr eure Projekte am besten anderen zeigen könnt. Vielleicht plant ihr mit euren Lehrern einen Elternabend oder ihr ladet eure Nachbarklasse ein.

Was könntet ihr sonst tun um eure guten Ideen vorzustellen?
Euch fällt bestimmt etwas ein!

1. STECKBRIEFE

Überlege dir, welche Mitschülerin oder welchen Mitschüler du noch nicht so gut kennst. Was würdest du gern über den anderen erfahren? Gehe zu ihr oder zu ihm und führe ein kleines Interview durch. Wenn du meinst genügend wichtige Einzelheiten erfragt zu haben, kannst du einen Steckbrief über eure Mitschülerin oder euren Mitschüler schreiben. Dieser Steckbrief soll sehr genau sein und besonders schön aussehen.
Du kannst z. B. deinen Interviewpartner um ein Foto bitten und etwas dazu malen. Nehmt anschließend eine Wäscheleine, hängt sie in eurer Klasse auf und befestigt die Steckbriefe daran.

! Wichtige Regel: Es darf auf diesem Plakat höchstens eine negative Bemerkung gemacht werden. Diese darf den anderen auf keinen Fall verletzen. Dein Interviewpartner muss damit einverstanden sein.

2. All about me

Für das folgende Projekt braucht jede und jeder von euch ein besonders schönes Heft. Hier könnt ihr alles hineinschreiben, von dem ihr meint, dass es für eure Person wichtig ist. Also eine Art Tagebuch. Vergesst nicht ein tolles Titelblatt zu entwerfen!
Natürlich besteht so ein Heft nicht nur aus Texten, sondern auch aus Bildern und Fotos. Auch eure Freunde und Freundinnen, die darin erwähnt werden, können etwas dazu schreiben, malen oder kleben und ihre Fingerabdrücke und Unterschriften eintragen. Wenn ihr in einer kleinen Gruppe über diesen Vorschlag sprecht, fallen euch sicher noch viele gute Möglichkeiten dazu ein.

Klassensweatshirt

3.

Bei diesem Projekt wird ein Sweatshirt mit einem tollen Bild für eure Klasse bemalt. Ihr könnt zuerst einen Wettbewerb in eurer Klasse durchführen mit der Frage: "Wer entwirft das schönste Bild für unser Klassensweatshirt?" Vielleicht ist in eurer Klassenkasse noch etwas Geld für eine Preisverleihung. Dann besorgt ihr euch ein einfaches, weißes Baumwollsweatshirt und Stoffmalfarben. Das Bild, das bei dem Wettbewerb ausgewählt wurde, wird dann von eurer Projektgruppe auf das Sweatshirt gemalt. Ihr könnt einige Eltern oder eure Kunstlehrer bitten, euch dabei zu helfen.

Schülerklassenbuch

4.

Habt ihr Lust euer eigenes Klassenbuch anzulegen? Ihr könnt über euch selbst, über eure Lehrerinnen und Lehrer, über neue Unterrichtsfächer, Wandertage, Klassenfahrten usw. etwas hineinschreiben und überall Fotos dazukleben. Dieses Klassenbuch könnt ihr über mehrere Schuljahre hinweg führen. Wenn ihr in einer der höheren Klassen seid, werdet ihr staunen, wie ihr euch verändert habt und euch vielleicht auch wundern, was alles gleich geblieben ist.

Regenbogen

5.

Wisst ihr, wie man Freundschaftsbänder knüpft? Wenn nicht, fragt eure Kunst- oder Textilkundelehrer. Ihr könnt die Bänder auch weben oder flechten.
Ihr bekommt alle mehrere Fäden; jeder in einer Regenbogenfarbe. Knüpft daraus eure Freundschaftsbänder. Dann ordnet ihr die Bänder in der Reihenfolge der Farben, wie sie ein Regenbogen zeigt, und klebt sie zwischen zwei Holzleisten nebeneinander. Jedes Freundschaftsband von euch wird damit zu einem Teil des schönen bunten Bogens, es darf kein Band fehlen!
Wenn ihr euer Kunstwerk noch verschönern wollt, könnt ihr zwei Hölzer so aussägen, dass sie wie ein Boot aussehen. Beide Teile müssen gleich groß sein. Klebt eure bunten Regenbogenbänder zwischen die Hölzer.

Klassenbaum

6.

Ihr könnt mit euren Freundschaftsbändern auch einen Klassenbaum herstellen.
Wer von euch kann gut sägen? Vielleicht helfen euch die Eltern oder euer Techniklehrer.
Sägt die Form eines Baumes aus einer Sperrholzplatte aus. Jeder von euch schlägt dann einen kleinen Nagel hinein. Dann knüpft ihr eure Freundschaftsbänder; ihr müsst euch aber vorher über die Farben einigen. Es gibt zwei Möglichkeiten: Entweder ihr knüpft alle Bänder in bunten Farben oder ihr knüpft sie in verschiedenen Grüntönen. Wenn sie fertig sind, könnt ihr sie zwischen die Nägel spannen. Dann hängt ihr den Klassenbaum in eurem Klassenraum auf.

K·l·a·s·s·e·n·n·e·t·z

7.

Auch für das Klassennetz braucht ihr Freundschaftsbänder und zusätzlich viele Schlüsselringe. Zuerst müsst ihr euch darauf einigen, wie lang die Bänder werden sollen. Wenn sie fertig sind, werden immer vier Bänder an einem Ring befestigt, sodass ein Netz entsteht. Wenn das Netz fertig ist, könnt ihr an den Ringen auch Steckbriefe, Wunschzettel usw. befestigen. Zum Schluss hängt ihr das Netz in eurer Klasse auf.

Meine Klasse

Vorname: ....

Name: ....

Schule: ....

Klasse: .... *Alter:* ....

Meine Lehrer und Lehrerinnen

Das Projekt "Soziales Lernen" wurde über mehrere Jahre hinweg entwickelt. Für die gute Zusammenarbeit bedanke ich mich bei allen, die mir während dieser Zeit wertvolle Anregungen und Unterstützung gaben.
Prof. Dr. Klaus Hurrelmann, der das Projekt durch seine wissenschaftliche Beratung und mit viel Engagement begleitete, war der Wegbereiter dieses Projektes. Er emutigte mich in den vergangenen Jahren immer wieder daran weiterzuarbeiten.
Mein Bruder, Dr. Wilhelm Pölert, stand mir während der ganzen Zeit mit seinem Fachwissen und mit viel praktischer Hilfe zur Seite.
Dieter Spichal setzte sich als Schuldezernent dafür ein, dass meine Kolleginnen und ich das "Soziale Lernen" in sehr unterschiedlichen Klassen und in verschiedenen Altersstufen erproben und verbessern konnten.
Meine Kolleginnen Conny Stark und Hilli Kassner-Steinmüller gaben mir in vielen pädagogischen Gesprächen wertvolle Hinweise zur Erstellung der vorliegenden Unterlagen. Ihre praktischen Unterrichtserfahrungen ermöglichten eine kritische Auseinandersetzung mit den Materialien.
Auch Hillis Töchter, Kathrin und Lisette Steinmüller, arbeiteten in ihrer Freizeit immer wieder an einer Verbesserung der Arbeitsblätter und trugen so zu einem größeren Schülerbezug bei.
Bedanken möchte ich mich auch bei den Musikkollegen Erich Herms und Matthias Hölz, die mit viel Mühe und Einsatz mithalfen, eine Musikkassette für diese Unterrichtsmaterialien zu erstellen.
Von besonderer Bedeutung für die praktische Umsetzung und Verbesserung des Projekts war die positive Mitarbeit der "Bärenklasse" der Gesamtschule Friedrich von Spee in Paderborn. Herzlichen Dank an alle Schülerinnen und Schüler dieser Klasse!
Dieser Dank gilt ebenso den Eltern der "Bärenklasse", deren Gesprächsbereitschaft und Unterstützung für ein Gelingen des "Sozialen Lernens" in der Schule unerläßlich ist.
Last but not least danke ich meinen Kindern Uta-Kristina und Michael, die nicht nur an dem Projekt mitarbeiteten, sondern auch Verständnis für die Belastungen hatten, die mit der professionellen Ausarbeitung dieser Unterrichtsmaterialien zusammenhingen.

Annette Pölert-Klassen

Bild- und Quellennachweis:

Umschlagfotos und S. 06:
Oben rechts: Ulrike Kment, Interfoto, München
Mitte links: Ulrike Kment, Interfoto, München
Mitte rechts: Interfoto, München, Transglobe
Unten links: Ulrike Kment, Interfoto, München
Unten rechts: Gerd Baum, Interfoto, München
S. 60: Thomas Schulz, Berlin

Alle anderen Abbildungen: Annette Pölert-Klassen.

Bei der Entwicklung folgender Seiten hat die Autorin konzeptionelle Anregungen aufgegriffen, die in dem von ihr mitentwickelten Werk "Erwachsen werden - Persönlichkeitsentfaltung von Jugendlichen", Lehrerhandbuch mit Arbeitsblättern, hg. von Lions Clubs International, Wiesbaden und Quest International, Newark, USA, 1997 enthalten sind:
S. 14: Lions-Quest-Arbeitsblatt "Meine Stärken";
S. 26/27: Lions-Quest-Arbeitsblatt "Wunschdenken";
S. 29: Lions-Quest-Arbeitsblatt "Selbstporträt";
S. 43: Lions-Quest-Arbeitsblatt "Personensuche";
S. 62/63: Lions-Quest-Arbeitsblatt "Ich fühle mich wohl";
S. 64-69: Lions-Quest-Arbeitsblatt "Klassenregeln".